Wolfgang Amadeus

MOZART

SIX MINUETS

FOR PIANO

K 03695

Menuet K 1

W. A. Mozart
mf
4
1
2
5
5
1
2
4
1
5
4
3
2
4
5
1
4
5
3
1
2
3
4
3
2
Fine
Trio
1
2
1
3
f
4
3
2
5
2
3
2
1
f
2
1
2
3
Menuett da Capo

2

Menuet к 2

W. A. Mozart
(1756-1791)

Menuet K 4

W. A. Mozart

Menuet K 5

W. A. Mozart

5
Menuet K 94

W. A. Mozart

MENUET No 6
für das Pianoforte
von
W. A. MOZART.

Köch. Verz. No 355 (Köch.-Einst. No 594a).

Componirt vermutlich 1790
in Wien.

mancundo
dolce
f
p
f
p
f
p
f
p